4是

〜自他愛信への嚮導〜

金城しん

Parade Books

4 是で〝ここかる〟

ここから〝ここかる〟

いまから〝ここかる〟

易直精童若今青未心豊喜層優見存讃人好通自豊源自約我事研己
嘲小鼓山機風涼弾煩好天地過晒玉璧受考明暗稽心展礎体心根馴
愉優苦劣守難攻易肯感恵僥心空氣虹情貴真交生創探感有人商鍵
諤俗笑覇地弛単懐朗飄解粋興齎肚情強虐伏喩速熟量捌交調試続
開貝至懐長繁皆儲大明他幸千手三手元分盟友駄役両輪愚基真賢
比否共肯和輪脈環壊壁限無四並推勘信旗満労縁知貯人他社天捧
陽曝向盛好敵去自想止実変発起振子巻引主劇吸想紡閃言跡蜘巣
白朴懸命転雪知大自頼他功日昇寒乾雲鼻仰裕風水生幸楽集夏虫
敢恍流愚違異社懇両端極備巨本悩消面白占溢奔放人語主置半誤
優寛篤器偉侮沈損基運結実耕種実均他為蛍蝦精頭体没才起野性
評次風鶏失機大笑身弓言矢臨律数楽付脱話才不羈本還話髄聴盛
銃眠引煽凡問利色赤弱双利声掛咲華腰爽包恩晴心清耳真抜詫感
今昔追風苦助楽来余拡考涵体解血肉敬世繫人生旅自由

いちょくせいどう　じゃっこんせいみ　しんほうきそう　ゆうけんそんさん　じんこうつうじ　ほうげんじやく　がじけんき　ちょうしょうこさん　きふうりょうだん　はんこうてんち　かさいぎょくへき　じゅこうめいあん　けいしんてんそ　たいしんこんじゅん　ゆゆうくれつ　しゅなんこうい　こうかんけいぎょう　しんくうきこう　じょうきしんこう　せいそうたんかん　ゆうにんしょうけん　がくぞくしょうは　じしたんかい　ろうひょうかいすい　きょうさいとじょう　きょうぎゃくふくゆ　そくじゅくりょうべつこうちょうしぞく　かいかいしかい　ちょうはんかいちょ　だいめいたこう　せんじゅさんて　げんぶんめいゆう　だやくりょうりん　ぐきしんけん　ひひきょうこう　わりんみゃくかん　かいへきげんむ　しへいすいかん　しんきまんろう　えんちちょじん　たしゃてんほう　ようばくこうせい　こうてききょじ　そうしじっぺん　ほっきしんし　けんいんしゅげき　きゅうそうぼうせん　げんせきちそう　はくぼくけんめい　てんせつちだい　じらいたこう　にっしょうかんかん　うんびぎょうゆう　ふうすいせいこう　らくしゅうなつむし　かんこうるぐ　いいしゃこん　りょうたんきょくび　きょほんのうしょう　めんぱくせんいつ　ほんぽうじんご　しゅちはんご　ゆうかんとっき　いぶちんそん　きうんけつじつ　こうしゅじっきん　たいけいか　せいずたいぼつ　さいきやせい　ひょうじふうけい　しっきたいしょう　しんきゅうげんや　りんりつすうらく　ふだつわさい　ふきほんかん　わずいちょうせい　じゅうみんいんせん　ぼんもんりしょく　せきじゃくそうり　せいかしょうか　ようそうほうおん　せいしんせいじ　しんばつたかん　こんじゃくついふう　くじょうらくらい　よかくこうかん　たいかいちにく　けいせけいじん　せいりょじゅう

はじめに

虚無感や孤独感といった自分だけが知っている自身の心の闇が、襲いかかってくることはありませんか？

本書はそんなブラックホールの如く強烈な心の闇に突然襲われてしまったとしても、覆い尽くされることがないように自己を防衛してくれるものです。本質をつかむチカラを養って、心の闇の正体を解き明かそうとする書です。

私は自身の心の浮き沈みによるどん底な状態と日々向き合って、心について考察してまいりました。その結果、これら心の浮き沈みとはどうやら心の重さに起因しているということが判明しました。心が軽い状態（〝ここかる〟と命名）でいるということが、明るく楽しい人生を謳歌するために最も大切なことなのではないかという仮説を立て、それに沿った多くのエッセンスを詰めこんだオリジナルの四文字熟語がこの『４是（よんぜ）』です。

４是は、自他愛信（自分や他人を愛し、自分や他人を信じて、自信と他信のチカラをつけること）へと嚮導してくれるものです。自他愛信には〝ここかる〟が必要不可欠な要素です。心が重ければ自分に自信が持てないため、自分のことを好きになりにくく、また他者についても同様に深く信じられず好きになりにくくなるからです。

詳しい内容は本編に譲りますが、4是によって少しでも〝ここかる〟になるということが本書の目的です。一冊の本が元氣や勇氣を与え、生き方に影響を及ぼし、命を救うことだってあります。本書にはそのチカラが宿っています。道に迷ったり、悩んだりしたらこの本を手にとって、自由や成長を追求する4是のチカラを感じていただき、また新たなスタートを切ってもらえることとなるよう願ってやみません。人生は一度きりです。心のモヤモヤを取っ払って、せっかくなら〝ここかる〟で毎日明るく楽しく生きていこうじゃありませんか!?

それでは、4是の世界へようこそ。

本書の説明

4是は水心、火営、光素及び自己の精神の四つの要素で構成されており、本書では自己の精神を除いた三要素がそれぞれ章となっています。巻頭と巻末には全ての4是と読み仮名が掲載されています。読み終わって巻末の4是を見た時に、はじめに巻頭で見た時には思い浮かばなかった情景が描けるはずです。これこそが小さな成長の実感と証で、何度も読み返す度にそれらは強くなっていくことでしょう。

白分にしか描けない日々の情景と4是を照らし合わせてみながら、楽しんで体解していきましょう。

心の闇と精氣というのは表裏です。
心の闇を解明するという歩みは、精氣の解明にも繋がります。4是で〝ここかる〟となって、精氣を生み出して、明るく楽しい人生を謳歌していきましょう。

目次

水心之章

—心にかたちなし—

水には決まったかたちがありません。器によってどんなかたちにもなれます。決まった動きというのもなく、道がある限り、高きにも低きにも流れていきます。また温度によって状態が変化します。

心も同じです。どんなかたちにもなれ、高きにも低きにも流れていき、温度によって変化します。

▼水心之章コラム

『心の菌活はじめましょう!!』

4是は、暗（心の闇）から心身を守るということを主眼としており、心も腸内環境と同様に善玉菌となっていく言葉や考え方で満たしてしまおうというコンセプトです。明は善玉菌となり、暗は悪玉菌となっていきます。暗は非常に強いチカラをもっているため、ごく少数の暗でもいとも簡単に心を制圧してしまいます。故にそれらに対抗するためには、善玉菌となっていく明の日々の蓄積や涵養というのが何よりも重要となってきます。

そこで私は「心の菌活」というものを提唱いたします。日々心の善玉菌を増やしていくことで、〝ここかる〟の維持に努めていきましょう。

今日から心の菌活をはじめましょう!!

精童
せいどう

易しく真っ直ぐに考え、精氣溢れる童心でいる

◉ここかる（心を少し軽くする言葉や考え方）

〝ここかる〟の精神を説いた4是。

大人になると、物事を難しく考えがちとなるが、難しく考えたり屈折して考えたりすると、悩むための悩みばかりが増え、何もまとまらず物事はあまり好転しないことが多い。それはまるで自ら迷路を作って、自ら迷いにいくようなものである。

問題に対しては、まず優先度の高い順に選別をして、問題の数そのものを減らしていくこと。そして残ったものは、体積を小さくしていくようなイメージで、易しく真っ直ぐに考えて（易直）対処していこう。易直で臨めば、悩

易直

いちょく

みは解決可能な課題へと変化しやすくなる。

また、精氣溢れる童の心持ち（精童）でいること。精童で取り組むことで問題解決のスピードは上がり、迷路に入っても抜け出しやすくなるから。

迷いや悩みを減らし、不安が育ちにくい〝ここかる〟な土壌となるよう少しずつ自分を改良していこう。

青未

せいみ

今が一番若く、青臭くて未熟である

◉ここかる

未熟の可能性を説いた4是。

未熟こそ成長の最大の鍵である。熟したと思うと、その先の成長は鈍化する。

人は、未熟心を抱く限り大きくなれる。未来から見ると、人生において今の自分というのが一番若く（若今）、その意味では生涯未熟であるため、未熟心を抱くということはごく自然なことである。

自身を青臭くまだまだ未熟（青未）であると認識し、どんな時でもゼロベースで考えていこう。青未でいると、如何なる人にでも自ずと頭を垂れ、感謝の氣持ちを抱くこと

若今《じゃっこん》

ができるだろう。

喜層《きそう》

心が豊かで、八百万の喜びが幾重にも重なり層を形成している様

◉ここかる

心の豊かさに関する4是。

心が豊か（心豊）であれば、物事に寛容で大様になれ、八百万の喜びが幾重にも重なって層を形成し（喜層）、人としてどんどん分厚くなっていく。

喜びベースで生きていくことで、喜層は厚さを増して心豊となっていく。心豊になるにつれて怒りの感情が減少していき、人への接し方が優しくなっていく。人に優しくなっていくと人のことが好きになれるため、人から好かれるようになる。人から好かれると様々なことを教えてもら

心豊

しんほう

えるようになり、それが喜びへと繋がって喜層は厚さを増して、さらに心豊となっていく。

この好循環こそが〝ここかる〟の核心であり、自他愛信と自己の成長を最も叶えることができる状態なのである。

存讃
そんさん

優れた所を見つけて、存在そのものを讃える

◉ここかる

人との接し方に関する4是。

人は皆、自分に甘く人に厳しくなりがちで、人のダメな所や劣っている点ばかりが目に付き、否定してしまいがちである。この悪習は、自身の心を小さくして心のすさみを作り出してしまうものであるので、このことによって後々苦しむことになる前にすぐにでも改めよう。

人と接する際は、相手の優れた部分を見つけていくようにしよう（優見）。優見によって人を否定しない接し方となり、相手からの印象も良くなるだろう。否定ではなく肯定を基軸とし、相手の存在そのものを讃えるということ

優見

ゆ　う　け　ん

(存讃)が肝要なのである。

自分も他人も否定することなく存讃し、自他共に味方にしていって、日々〝ここかる〟で過ごしていこう。

通自
つうじ

人が好きというのは、自己愛に通じる

◉ここかる

人が好き（人好）で誰とでもすぐに仲良くなれるのは、とても素晴らしいことである。歳を重ねると段々と難しくなっていくのだが、それは人から嫌なことをされたり、色々な面倒事に巻き込まれたり、また自身のアイデンティティの確立に伴い寛容さが減少したりすることによって、人好の門戸を狭めていってしまうからである。そして人間関係に疲れて、無関心や人嫌いになってしまったりする。

人好と自分自身を愛するということは密接に結びついており、人好は自己愛に通じる（通自）ので、自分を好きになりたければ人好になろう。

人好

じんこう

人嫌いというのは、自分も人である以上、自分も嫌いであるということに他ならない。この自己嫌悪というのは最も危険な状態であり、嵌まってしまうと蟻地獄のようなループに陥って、抜け出すのは非常に困難となる。自己嫌悪に比べれば、自が強すぎる故の自惚れや自己陶酔の方が遥かにマシである。

人好によって自分を好きになり、自分と同等に人を思いやることでより人好になっていこう。人好になればなるほど感謝の氣持ちは湧いてくるので、〝ここかる〟にも繋がっていくのである。

自約
じやく

自分との約束の実行は、豊かさの源である

◉ここかる

豊かさについて説いた4是。

豊かさというのは、金銭など物質的なものだけでなく、精神的なものまで幅広く存在している。豊かな人間性に寄与するものは後者の方であり、前者よりも得難いものである。

精神的な豊かさの源（豊源）は、自分との約束（自約）の実行であるので、決して蔑ろにするようなことはせず、自約を着実に実行していこう。

事の成否はどうあれ、自約の実行を重ねることによって豊源は涵養されていくだろう。

豊源

ほ　う　げ　ん

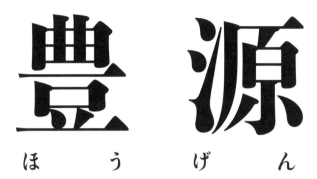

研己
けんき

何事も我が事として考えて、己を研ぎ澄ます

◉ここかる

己の研鑽に関する4是。

刀や水晶同様、己も研いだり磨いたりすることによって研ぎ澄まされていく（研己）。何事も我が事として捉えて、我が身に置き換えて考えるということ（我事）が肝要である。

我事を意識すると、偏見が生じるリスクは減少し、物事をより客観的に分析することができるようになる。私がやるとしたらや私が今この境遇にいるならばという視座を持ち、体感するような感覚で我事して、実際にやってみるという癖をつけよう。

我事

がじ

我事の積み重ねによって研己され、物事の本質をつかむ
チカラが養成されるだろう。

鼓山

こさん

嘲る態度は小人をつくり、鼓舞する態度は山人をつくる

◉ここかる

なりたい自分というのはとる態度や行動によって、自分で決められる。

小人（小）になりたければ、人に対して嘲る態度（嘲）で接していこう。人や人の活動に嘲や非難をして優越感を抱くことで、自己中心的な発想となって小となれるだろう。

あらゆる生命を育む山のような人（山）になりたければ、人を鼓舞（鼓）していこう。人や人の活動に純粋に鼓や応援をして、情宜厚く見守っていくことで、人望がある山となれるだろう。

嘲小

ちょうしょう

このように自身のとる態度や行動によって、小や山に限らず火人や水人などどんな人にでもなれるのである。

命ある者は全て等しいため、どんな人であろうがあるのは差ではなく、違いであるということを心得ておこう。

涼弾

りょうだん

機という風をよみ、涼しく弾むような心持ちでいること

◉ここかる

機とは風（機風）のようなものである。機風は人智を超えた現象で、固定化されていないので、向きや強さはもちろん、いつ吹くかどこで吹くかなどその時々によって大きく変化するものである。故に、機風についての知見を蓄積していき、それをよむチカラを養うということが肝要なのである。そのためには、涼しく弾むような心持ちでいること（涼弾）。涼で冷静さを、弾で機知に富む状態を保ち、足労することを厭わず、機風が起こりやすくなるよう努めていこう。

機風

きふう

そして、機風が吹いたら仕掛けよう。

機が風ならば、人や物事は帆船のようなもので、停滞していた状態も機風によって大きく動き出すということを体解していこう。

天地

てんち

煩わしいか好機か、捉え方によってその後の展開は天と地ほど違ったものとなる

◉ここかる

人生は自らの望むことだけをやり続けて生きていけるものではない。望まないことをやらなければならない場面は多々あり、そのことに対する捉え方によって、その後の展開は違ったものとなる。

望まないことに対して好機と思って取り組む（好）と、新たな氣づきを得られるため、自己の成長へと繋がっていく。しかし、煩わしいと思って取り組む（煩）と、成功率は下がり、たとえやり遂げたとしても煩の念の再確認やそれが増幅するだけで、結果として成長にはあまり繋がらな

煩好

はんこう

い。

　このように煩好の選択によって、その後の展開は天地ほど全く違ったものとなる。成長を望むのであれば、何事も好で捉えていくようにしよう。

玉璧

ぎょくへき

過ちを犯して、人に晒されて、玉璧のような心となる

◉ここかる

成長に関する4是。

最初から完璧な人間なんてこの世におらず、人は過ちを犯し（過）ながら一歩ずつ成長していくものである。過は成長に繋がる貴重な失敗であって、決して悲観するものではない。

また風雨や流水に晒されて丸くなる岩石の如く、人も人に晒されて揉まれること（晒）によって丸くなっていく。人は砥石であり、晒によって己は研磨されていくのである。

円形というのは、どの方向からの力に対しても耐えうる

過晒

かさい

最も頑強な形であり、尖ったものよりも打たれ強いものである。精神的に強くなりたければ、自身の尖りを晒によって解消させて、円形を目指していこう。晒によってできた円形というのは、尖りを知っているため、元々丸かった人や加齢によって丸くなっていった人のものとは全く異質のものである。

過や晒によって、強さと美しさを兼ね備えた玉壁のような心になろう。

明暗

めいあん

受け取り方や考え方で、事象や感情の明暗は決められる

◉ここかる

事象や感情の明暗というのは最初から決まっているわけではなく、自身の受け取り方や考え方で決まる（受考）ものである。

暗は明よりも強力であるため、同量ならば暗が優位になりやすい。記憶に残りやすく、氣持ちも引きずられ、明の時にもすぐ顔を出して邪魔をしてくるものである。暗が優位になると、不安感に苛まれ、人や物事への興味が薄れてきて、人を蔑んだり妬んだりして排除しようとしてしまいがちとなる。また、自信を失って些細なことでも受容できなくなり、人から嫌われているように感じやすくなった

受考

じゅこう

り、悪口を言われているような被害妄想を抱きやすくなってしまったりして人と馴染むのが困難な状態となる。反対に、明が優位だと人や物事への興味が湧いてきて、様々な人を受け入れて歓迎することができ、周りの人への感謝の念が絶えない状態となる。

受考によって暗を明に置き換えるには、まず起きた事象に対して明暗それぞれのケースをいくつか考えるという癖をつけて、受考の引き出しを増やしていくこと。そして、その中から明暗置き換えられるものを選んで、オセロのように暗を明へとひっくり返して置き換えていこう。このように暗を明に置き換えることは可能であるため、受考によって暗は全て明にでき得るのである。

最終的には、暗が明に邪魔されるぐらいに明の総量を増やして、常に明を優位にさせていくような受考をしていこう。

展礎

てんそ

心身について稽え、礎を展げる

◉ここかる

心と体に関する4是。

心身について稽え（稽心）、人間としての礎を展げていく（展礎）修練を積んでいくこと。

日記は稽心に、運動は展礎に最適である。日記を書くと、自身の積年の課題や苦手分野、心情、成長の軌跡などが記録されていくので、己を見つめ直し稽心することができる。また、運動は展礎に最適であり、不足すると心身に不調をきたし、心が重くなりやすくなる。

自分に合った稽心の方法を色々試して、日々展礎していこう。

稽心

けい　　い　　し　　ん

根馴

こんじゅん

体を心臓に見立てて、根を深く下ろして、すぐに馴染むこと

◉ここかる

度胸に関する4是。

相手の存在感や場の空間に呑まれて浮足立ってしまわないように、どんな状況下でも肝を据わらせて事に当たろう。体と心臓を分けて考えるのではなく、この体そのものが心臓だという意識（体心）で胆を練っていこう。

体心によって体と心臓は一体となるため、身なりを整えることや挨拶、食事、運動など日々なすこと全てが心力を養う機会となる。心力を養っていくことで不動の心がつくられていき、どんな相手や状況だろうが根を下ろし、すぐ

体心

たいしん

に馴染める（根馴）ようになる。

根馴によっていつでも本来のチカラを発揮することができるようになり、また知らない人とでもすぐに打ち解けられるようになるだろう。

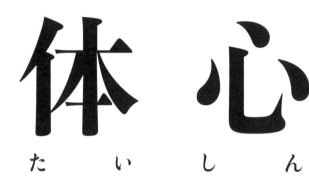

苦劣《くれつ》

愉しいは全てに優越し、苦しいは全てに劣後する

◉ここかる

人間の心理状態に関する4是。

人間の心理状態を大まかに分けると、愉しい（愉）か苦しい（苦）かに分かれる。愉であると多くの好感情が生じ、その中でも代表的なのはやる氣である。

やる氣というのは生きるために必要な原動力そのもので、水や食糧と同じくなくてはならないものである。しかし、やる氣ほど見通しが立ちにくく儚いものはない。やる氣の源泉は愉であり、愉を追求しているとやる氣が漲り、言葉やアイデアが次々と生まれてきて、愉は勢いを増していく。愉であれば人は笑顔になるし、物事はどんどん上達

愉優

ゆゆう

していく。愉は全てに優越する（愉優）ものである。

苦は全てに劣後する（苦劣）。苦であると悪感情が生まれやすく、自他を嫌いになってしまう。苦を感じるハードルを上げて鈍感になって、苦をなるべく遠ざけていこう。

反対に、愉のハードルは目一杯下げて敏感になって、愉を身近なものにすること。愉の癖をつけて、どんな時でも愉優を徹底して、愉の状態をキープするということを心掛けていこう。

攻易

こうい

守れば困難となり、攻めれば易しくなる

◉ここかる

物事に取り組む際の氣持ちに関する4是。

氣持ちによって、現実は変わる。

攻めの氣持ちで取り組むと、パフォーマンスが向上し、目標を達成し易くなる（攻易）。攻によって、やりたくてやっているという状態となって、多少ミスをしようと止まることなく進み続けるからである。

一方、守りの氣持ちで取り組むと、パフォーマンスは上がりにくくなり、目標の達成も困難となる（守難）。守の場合、やりたくないがやらなければならないという状態となり、ミスを恐れてとにかく落着させようとする姿勢とな

守難

しゅなん

りがちで、想定外のことが起こる度に中断を余儀なくされるからである。また、中断によって焦りが生じて、氣持ちが乱れやすくなるという点も守難となる理由の一つである。

このように、一見攻の方が困難そうに見えるのだが、実は守難であるので、長短を見極めてその時々で選択したり、折衷したりして自分だけのスタイルを確立していこう。

恵僥

けいぎょう

肯定と感心や感謝をすると、僥倖に恵まれる

◉ここかる

僥倖に関する4是。

世や人を肯定して、世や人に感心や感謝をしよう（肯感）。すでに知っていることでも感心し、些細なことでも感謝しよう。肯感はすればするほど楽しくなれるし、優しくなれる。

この世の中は、人を否定しても自分が上昇するという仕組みにはなっておらず、否定と上昇は無関係である。

肯感によって人を否定しないような生き方ができれば、どんどん僥倖に恵まれていく（恵僥）だろう。

肯 感

こ　う　か　ん

氣虹

きこう

心は空で、やる氣は虹である

◉ここかる

心は空（心空）である。

暗くなったり明るくなったり、暑くなったり寒くなったり、晴れ雨曇り、雪霧雹、雷が鳴ったり風が吹いたりと空模様や気象同様、変化に富むものである。変化こそ心の本性であり、それは自然界と相通ずるものがある。

自然界も決まった状態というのはなく、決まっていないからこそ多くの生命を育むことができるのである。

やる氣は虹（氣虹）である。

とても綺麗で神秘的なのだが、すぐに消えてしまうという儚いものであるが故、氣虹が出た時は即実行に移そう。

心空

しんくう

氣虹に満ちた行動が人に感動を与えたり応援してもらえたりするのは、まるで虹を見ているような氣持ちになるからである。

やる氣に満ちた人というのは、心空が虹だらけの人のことである。

火営之章

—火で生を営む—

火は生活に必要不可欠なものです。人は火を使用して、生を営んできました。火を使うことによって、心にも火は灯ります。

▼火営之章コラム

『営業とは、生活の一部分である』

営業とは営利活動に限らず、日常生活を含んだ人とのコミュニケーションが必要となる場合全てを指します。生活を営むという点において両者に大きな差異はなく、商売での有用な方法というのは日常生活においても活用できるものが多々あるからです。

火営之章の4是で人とコミュニケーションを重ねて交流を深めていくことで、心に多くの火を灯していきましょう。

真交

しんこう

情報を貴く思い、真摯に向き合って交換する

◉ここかる

情報に関する4是。

発信者や内容などに関係なく、情報は全て貴く思おう（情貴）。時間の経過とともに、意味を成さないと思っていた情が意味を成したり、価値はないと思った情が価値を持ったりすることがあるため、どんな情にも真摯に向き合うこと（真）が肝要である。

このように情というのは、見る角度や扱い方次第で何にでも変化するものであり、その意味で情の価値というのは、自分では測ることなどできない代物なのである。

情を収集するには、交換すること（交）が最適である。

情貴
じょうき

相手からより多くの情を得ようと思うのならば、こちらからまず多くの情を発信していこう。また、情にはエネルギーも含まれており、交によってそれらも含めて収集していこう。

情貴で決して選り好みすることなくあらゆる情を交によって収集し、日々パワフルに生活を営んでいこう。

探感

たんかん

生活は創作活動、芸術性を探して感性を磨いていく

◉ここかる

生活に関する4是。

生活とは創作活動（生創）によって生み出される芸術作品のようなものであり、どうデザインし、どのような作品にしたいか、またそのためには何を準備するべきかということを日々考えてかたちにしていくものである。

つまり私達は、普通に生活をしているだけで、皆芸術家なのである。仕事や勉強、遊び、食事、運動、睡眠などその全ての行動に芸術性は潜んでおり、それを探し出して自身の感性を磨いていこう（探感）。

探感すると、好きか嫌いかという二元的な価値基準だけ

創生

せいそう

でなく、美しさや奥深さなど新たな価値基準が加わって立体的なものとなり、生活という芸術作品は独創性を帯びてより素晴らしいものとなっていくであろう。

商鍵

しょうけん

有名になって人氣を獲得することが、商売成功の鍵を握っている

◉ここかる

商売に関する4是。

有名になること（有）は、商売上大きな価値がある。商売はまず多くの人に名が知られてこそ軌道に乗っていくものであり、目立たないよう仕事をするということは、その軌道から外れるものである。有になれば舞い込むチャンスは多くなるし、無名を装うやり方も可能となるのでとるべき手段も多くなる。ただし人氣が伴わなければ、有の効果は半減し、時にマイナスに働くこともあるため、人氣の獲得（人）も欠けてはならない重要な要素である。

有人
ゆうにん

有人は、商売成功の鍵（商鍵）を握っている。商売をしていくに当たって多くの扉が待ち受けている中、有人でないと開けることができない扉があって、その先の新たなステージに進むことが困難となるからである。

有名・無名のケースに限らず、このように相反する二つの要素が存在する場合は、難しくてもなるべく両方を兼ねられる方を選択していくようにしよう。

笑覇《しょうは》

思ったことを遠慮なく俗語で述べて、笑いと覇氣を絶やさないこと

◉ここかる

商売人の心構えに関する4是。

商売とエンターテインメントは似ており、笑ったり笑わせたりして（笑）、相手を楽しませて興味を持ってもらうということが肝要である。そのためには肩肘張らずに遠慮なく何でも言い合えるような関係性を構築していくことが肝であり、人と会話をする際は敬語に満ちた硬い表現よりも、俗語を用いて砕けた言い方（諤俗）でするようにしよう。笑や諤俗によって人を惹きつけられたなら、自ずと情報も引きつけることができ、行動の指針を得ることができ

諤俗

がくぞく

るだろう。

また、全身に覇氣を漲らせて（覇）、何事に対しても氣負けしないこと。氣負けしてしまうと本来のチカラを発揮できずに空回りしてしまい、失敗に終わりやすくなるから。外部にまで覇を漏出させる必要はないが、内部では常に漲らせておくようにしよう。

単懐

たんかい

地のままでリラックスし、単純な顔つきで懐っこく接する

◉ここかる

商売人の心掛けを説いた4是。

仕事とは、極言すればお金を稼ぐ活動であり、その意味でそれに従事している者は皆商売人である。

商売人は、飾らず地のままでリラックスしていること（地弛）が肝要なので、意識してできるだけ単純な顔つき（単）でいよう。単でいると警戒心を招きにくく、人と仲良くなりやすくなる。顔つきだけでなく、言葉遣いや反応などについても、単を心掛けていこう。

地弛単で人懐っこく接して（懐）、いかに多くの人と打ち解けられるかということこそが、商売人として必要とな

地弛

じ　　し

人と仲良くなることを心掛けて、四方に人脈を築き、得の種を撒いていこう。る基本にして究極のスキルである。

解粋《かいすい》

大きく通る声と飄逸な感じで、緊張を解して粋な計らいをすること

◉ここかる

営業職の所作に関する4是。

営業職は、広く顔と名前を覚えてもらうことが重要で、如何にして相手の心を揺り動かすことができるかというのがテーマである。そのためには、よく通る大きな声（朗）でハキハキと話すことを心掛けよう。小さくて通らない声では、いくら内容が優れていても相手の心を揺り動かすことは困難である。

そして、相手の緊張の元となっている警戒心という凝りに対して、朗と飄逸な感じ（飄）で按摩をするように的確

朗飄

ろうひょう

な言葉を投げかけて、痒いところを掻いてあげるように話を進めて、氣持ちよくさせながら解していこう（解）。

粋な計らい（粋）も相手の心を揺り動かすのに有効である。神妙な面持ちにならずに、粋はさらっと言ったりやったりしていこう。それらの内容が濃ければ濃いほど、粋の効果というのは増していくものである。

肚情

とじょう

興を齎して、肚を割った情のある関係を築く

◉ここかる

営業活動に関する4是。

営業活動とは、相手に楽しい時間を過ごしてもらえるよう興を齎す（興齎）活動である。役立つ話や笑い話、感動する話などを織り交ぜて趣向を凝らした興齎を心掛けるようにしよう。

人の肚というのは固く、割らせるには用件よりも身の上話や世間話といった雑談の方が有用である場合が多く、また自身の優れた点や成功談よりも至らぬ点や失敗談を中心に話をする方が興齎には効果的である。興齎を重ねていって肚を割らせることができれば、少しずつ情が湧いてくる

興膺

きょうさい

（肚情）。ビジネスの成否というのは、多くの人とこの肚情の関係を築けるかどうかにかかっている。

こちらから率先して肚を割って、用件の比率を三割以下に抑えて、興膺に努めていこう。

伏喩
ふくゆ

強氣で自虐的な物言いをし、伏線を張って比喩を交えて話を展開すること

◉ここかる

興なる弁舌に関する４是。

興なる弁舌によって、限られた貴重な時間内で人と親睦を深めていこう。

強氣と自虐（強虐）という相反する要素の混在、伏線を張ること（伏）、比喩による表現（喩）というのは、興なる弁舌を構成する重要な要素である。

伏は、異なる内容の中から関連性を見つけ、それを連結させていくようなイメージで行う。伏はすればするほど、その後の言葉が活きてくるので、聴き手を話に引き込みや

強虐

きょうぎゃく

すくする効果がある。

喩は、言葉のセンスと内容のバランス感覚が肝である。喩を意識すると話をより集中して聴くようになり、その姿勢は相手から好感を持たれ、安心感を与えることができるという副次的効果も発生するだろう。

量捌

りょうべつ

速く熟して、多くの量を捌いていく

◉ここかる

スピードに関する4是。

生きていると様々な作業をしなければならないが、作業をする上で最も重要なのは速く熟すこと（速熟）である。返事や提案、提供など相手が存在するような作業に関しても同様である。速熟を心掛けて常に相手のターンとし、こちらの手元にタスクはないという状態を維持しよう。

そして量に重点を置いて、圧倒的な量を捌いていく（量捌）ようにしよう。成長という観点から見ると、量というのは質や効率を凌駕するものである。

速熟

そくじゅく

試続《しぞく》

交渉や調略というのは、試すという行為の連続である

◉ここかる

有利な条件を獲得するための交渉や、重要な人物を味方に引き入れるための調略（交調）に長けることで、仕事は進めやすくなる。交調に臨む際は、試すことと試されるということのバランスを意識すること。相手からは常に試されているし、同様にこちらも常に相手を試し続けるということ（試続）が、交調には肝要なのである。

相手から好き放題言われるような仕事のやり方は、試続のバランスがあまりよくない。

仕事とは、基本的にはバーターで成り立っているということを体解していこう。

交調
こうちょう

至懐

しかい

開いた貝のような態度と至れり尽くせりの対応で懐刀となること

◉ここかる

自身の価値を高める方法を説いた4是。日々努力をしてチカラをつけて、人の役に立つ活動に勤しむことで人から重宝されるようになり、それは自身の価値の向上へと繋がっていく。

人の役に立つということは自身にも役に立つことでもあるので、人と自身との快の一致を目指していくようにしよう。快の一致は、自身の利益もしっかりと確保してこそ成るものであり、相手だけが快となるような快の不一致を避けるために、場合によっては相手を籠絡することも必要と

開貝

かいかい

なるだろう。

開いた貝（開貝）のような態度で全てを受容して、至れり尽くせりの対応（至）で様々な雑務を熟すことで相手を安氣にさせて、懐刀（懐）となろう。至によって骨抜きとなった人は、その安楽さに慣れてしまって人任せになりがちとなり、最終的には依存することとなる。こうなると懐なしではやっていけなくなっているため、籠絡することもでき、快の一致を容易に実現させることができるだろう。

皆儲

かいちょ

長く繁栄するために、皆が儲かるようにする

◉ここかる

持続的な繁栄を説いた4是。

長期に渡っての持続的な繁栄（長繁）を目指すのであれば、儲けを独り占めするのではなく、携わった者全員にしっかりと分配して皆が儲かるようにすること（皆儲）。

皆儲の仕組みや維持が肝であり、それには長期的な視野が必要であるため、氣長な性格であることが求められる。

氣長と皆儲が、長繁の基礎である。

長繁

ちょうはん

光素之章
―光の素となるもの―

光あるところには影があり、光が強ければ強いほど、影も濃くなります。
影は光の反対側にできます。
光の素となるものを集め、光源を増やすことによって、影を薄くすることができます。

▼光素之章コラム

『光と影』

悩みや迷い、不安感、嫉妬心、虚無感、孤独感といったものは自身の影のようなものであり、生きている限りどこまでもついてくるものです。光が差す所には影ができるのと同様、振り向くと常に後ろに存在し、消えることはないものです。

光を強くすればその分影も強くなるという厄介なものですが、光源の数を増やし、四方から光を浴びる状態とすることによって、光だけを強くして影は薄くさせるということが可能となります。

日々至る所から光素を集めて、光源を増やして、悩みや迷いといった自身の影の部分をどんどん薄くしていきましょう。

他幸

たこう

壮大な明るさによって人を幸せにするチカラや考え方

◉ここかる

明（メイ）という思想を説いた4是。

明の大きさによって、人の影響力というのは変化する。

大明になるには、肉を切らせて骨を断つような言動をとること。常に愛想よくして、よく喋ること。自ら率先して挨拶をして、いつも人を楽しませたり、喜ばせたりするような振る舞いをすること。愛他主義。

中明でいいならば、肉を切らせて肉を断つような言動をとること。適度な愛想で、適度に喋ること。タイミングが合えば挨拶をして、時々人を楽しませたり、喜ばせたりするような振る舞いをすること。

大明
だいめい

小明でいいならば、何もしないで徒らに惰眠を貪ること。自分がしたい時やしたい人に対してだけ都合よく愛想よくして、喋りたい時にだけ喋ること。氣が向いたら挨拶をして、どこまでも自分のことだけを考え、自分だけを楽にさせ、ただひたすら自分だけを喜ばせること。利己主義。自己中心主義。

三手《さんて》

千手を身につけ、三手だけ出す

◉ここかる

知恵に関する4是。

知恵というのは、出さないということが実は究極の知恵である。

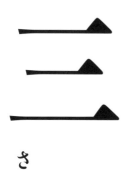

できるだけ多くの知恵（千手）を身につけるべきだが、手当り次第に出しすぎたり駆使したりすると、有難がられるどころか、却って人に不快感や警戒感を与えてしまう結果となる。古今、有能な軍師や参謀は、時に統領から警戒されてきたというのが好例であろう。

そういった事態を避けるために、身につけるのは千手だが、披露すべきは三手だけにしておこう。三手だけあって

千手

せんじゅ

三手を披露する者と千手あって三手のみを披露する者とでは本質的に異なっており、相手にもそれは伝わるものである。

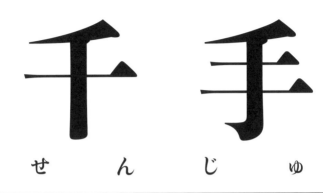

盟友

めいゆう

元氣を分け合って、盟友となる

◉ここかる

生きるチカラに関する4是。

元氣とは全ての出発点である。元氣がなければ何も始まらない。そもそも何かを始めたいという意欲が湧いてこないため、始めるということができない。同様に、様々な感情というのも元氣があってこそ感じられるものであるので、元氣がなければ何も感じることができない。

元氣とは生きるチカラそのものであり、これは自分一人だけのものではない。元氣は独り占めするものではなく、周りの人全員と分け合っていく（元分）ものである。元分によって元の持ちつ持たれつの関係を築いて、盟友となる

元分《げんぶん》

ような付き合い方を心掛けていこう。

両輪
りょうりん

無駄なものと役に立つものは、両輪である

◉ここかる

無駄なものと役に立つもの（駄役）は両輪であるため、どちらかが欠ければ進むことはできない。

駄もあり役もあるから進み、それらが増えることによってより進むことが可能となる。つまり駄が無ければ進まないため、駄は駄ではなく駄な時間も行動というのもなく、それらは全て前進するための原動力なのである。

両者は不可分一体の相関関係にあり、重要性も等しく存するものである。

成功と失敗、効率と非効率、強さと弱さの関係性もこれと同じである。

駄役

だ　　や　　く

真賢

しんけん

愚が基となっているものは、真（まこと）の賢である

◉ここかる

賢愚に関する4是。

愚を根底とし、愚を基に着想（愚基）していこう。

愚とは本音や直感のことである。見栄や実現可能性、他者の反応などを基に着想されたものというのは、賢ではあるが真の賢（真賢）ではない。賢愚の関係性というのは、愚が賢を司っており、賢は愚を根源とするものである。つまり、愚こそが真賢なのである。

愚基を徹底し、愚でいることで、自身の失敗や至らぬ点を素直に認めたり伝えたりすることが容易となる。また、怒りをコントロールしやすくなって思い上がりを抑制でき

愚《ぐ》基《き》

るため、上機嫌でいられるようになるだろう。

愚基は自然体に近く、〝ここかる〟となることができる。この生きやすいスタイルになれるということこそが、真賢たる所以なのである。

共背

きょうこう

比は否に至り、共は肯に至る

◉ここかる

比べるという行為は、否定に至る（比否）。

比をし過ぎると、違いにばかり着目してしまう癖がつくため、不寛容になりがちである。

共にするという行為は、肯定に至る（共肯）。

共をすると分かち合うことができ、生産的で寛容な精神を育める。

比または共のどちらを多く行ってきたかというのは、人格や成長、幸福感などに大きく影響を与えることだろう。

比《ひ》否《ひ》

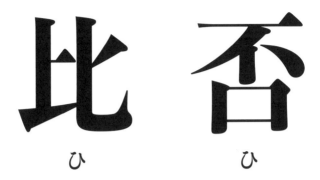

脈環

みゃくかん

和によって人の輪ができ、脈となって大きな環となる

◉ここかる

人の輪に関する4是。

対立ではなく和を第一に掲げ、味方を増やして人の輪をつくっていこう（和輪）。和輪は人生に大いなるプラスを齎す。

人生の難度を下げる二大要素とは、やる氣を漲らせることと味方を増やすことである。やる氣と味方が増えれば増えるほど、人生の難度は下がっていくものである。

やる氣の出し方や涵養方法、無氣力との境目などやる氣のメカニズムに関しては人それぞれ大きく異なるので、じっくりと己を研究して少しずつ解明していこう。氣力と

和輪

わりん

いうのは波のように寄せては返すものなので、たとえ無氣力に陥っても時が経てばまた必ず打ち寄せてくるため、決して焦らず、自棄を起こさないようにすること。

和輪は脈となって、また新たな輪を形成していく。そうして脈々と連なっていった輪というのは、最終的には大きな大きな環となる（脈環）ことだろう。

無限《むげん》

壁を壊して、限界をなくす

◉ここかる

壁に関する4是。

世の中には、様々な壁がある。人との壁、言葉の壁、考え方の壁、思い込みの壁など、最初から存在している壁もあれば、自ら作り出す壁もある。壁によって限界という範囲が限られた枠ができてしまい、何かを為してもその枠内での結果が待っている。

より良い自分や結果というのは枠の外にあることが多く、壁を壊して（壊壁）限界という枠をなくすこと（限無）が肝要なのである。

壊壁し、四方へ好奇心を解き放ち、新たな自分や未知な

壊壁

かいへき

るものに心を躍らせていこう。

推勘

すいかん

四つの事象や四人の心中を並行して推察して、勘を磨くこと

◉**ここかる**

勘に関する4是。

この世界では自身に起こる事象だけではなく、同時に並行して自身の知らない所であらゆる事が起こり、様々な人が事を起こしている。物事を考える際には、この同時並行で事が起こっているということ、そしてそれらは時間の経過によって変化していくということの当たり前だが忘れがちな要素を念頭に置いておこう。その際、四つの事象を並行して（四並）考えるようにしよう。

事象だけでなく、人の氣持ちや立場、見方なども四並で考えることで、変化を素早く察知できるようになり、物事

四並《しへい》

の本質を捉えやすくなる。また、四並で考えることで氣持ちの切り替えに長けるようになるので、氣持ちが沈んでも引きずられにくくなり、怒りの感情などもコントロールできるようになる。

四並で考え、事情や心中を推察することで、自身の勘を磨いていこう（推勘）。幾多の挑戦や経験の積み重ねによって勘は磨かれていき、少しずつ機微に聡くなっていくようになるだろう。

このようにして培ってきた独自の勘というのは、人生の様々な場面で大きく役立つこととなるだろう。

満労

まんろう

信を旗印にして、労いの氣持ちで世を満たすこと

◉ここかる

労う氣持ちに関する4是。

人を信じ、人に信じられる人になることを旗印にして、人と交流しよう（信旗）。交流とは信あってこそ成り立つものであり、信なき交流はいくら回数を重ねても関係は深まらず、心が通じ合うことはないだろう。

信旗で交流して、労いの氣持ち（労）を持って人と接することで、心を許し合う関係を築くことができる。労を襷のように自分からどんどん繋いでいって、労で世を満たしていこう（満）。信旗によって満労を心掛けていると、巡り巡って自分にも労の襷をかけてもらえることとなるだろ

信旗《しんき》

う。

貯人

ちょじん

縁あって知り合った人を、自分の体に貯めこんでいくこと

◉ここかる

縁に関する4是。

縁というのは石ころのようにどこにでも転がっており、小さいものでも拾いさえすれば、人は知り合いの間柄となれる（縁知）。知となることで石ころだった縁は宝石へと変化し、交流を重ねて関係を深めることによって、縁は磨かれて輝きを増していく。

人によって縁知のハードルは異なるが、このように知となれるかどうかというのは、実はとても些細なことなのである。縁は日常に溶け込んでいるので、ありふれたものだと錯覚してしまいがちであるが、見過ごしてしまわないよ

縁知

えんち

うに宝探しをするような氣持ちで楽しんで縁拾いを行うようにしよう。

こうして知となれた人を、しっかりと自分の中に貯めこんで（貯人）、いつまでも大切にしていこう。

天捧

てんほう

他者や社会、天下に対して己の知識や知恵を捧げる考え方

◉ここかる

捧（ホウ）という思想を説いた4是。

捧とは捧げるということを主体とした考え方で、学んだ知識や培ってきた経験、渡世の知恵や労力というものを、他者（他）や社会（社）、天下（天）の一助となるように捧げていくこと（捧）をいう。

自身の捧によって困っている人が少しでも助かって、その困っていた人も同じように誰かに何かの捧をする。そうやって人類というのは今日まで繁栄することができ、進歩を遂げてきた。

捧において最も大切なのは、見返りなどを一切求めない

他社《たしゃ》

ことである。

向盛
こうせい

陽氣に振る舞って、己を曝け出して、向上心を高めていくと盛運が続く

◉ここかる

盛運に関する4是。

運は陽氣の量に左右されるものである。運は陽氣（陽）を好み、陰氣を嫌う。陽でいると良いことが起こりやすいのは、この両者の繋がりの強さに起因している。加えて、陽だと良いことに氣づきやすかったり良いことだと捉えやすくなったりするため、良いことが実際によく起こり、それによってさらに陽になるという好循環が生まれる。

陽に振る舞って、己を曝け出して（曝）、向上心を高めていこう（向）。時と場合と程度にもよるが、基本的には醜態でも何でも隠すことなく全てを曝するということが肝

陽曝

ようばく

要なのである。曝によって様々なものの循環が促進され、向によって新たにより強い陽が引き込まれて来て、運は増幅されていく。

陽曝向によって、盛運を維持していこう。

去自
きょじ

対抗すべき相手は、過去の自分である

◉ここかる

真の競争相手に関する4是。

張り合うべきライバル（好敵）とは、他人ではなく自分自身である。他人には勝っても負けてもどちらでもいいのだが、過去の自分（去自）にだけは決して負けてはいけない。

心身のアップデートができていて、人として少しでも成長して大きくなっているのであれば、今現在他の人よりも結果が出ていなくても全く氣にする必要はない。去自との戦いに集中するということが何よりも肝要なのである。

去自との戦いに勝利している限り、時期は定かではない

好敵《こうてき》

が、いずれ確実に芽は出ることだろう。

実変

じっぺん

発想だけでは止まったままで、実際に動いてこそ現実は変わる

◉ここかる

現実の変化に関する4是。

発想やアイデアというのはとても価値のあるものだが、それらを生み出しているだけならば、現実の状況や状態というのは何も変わらず止まったままである（想止）。想と同様、軽い氣持ちであろうが重い氣持ちであろうが、深く考えようが思いつきであろうが、それら氣持ちや思考時間というのも現実の変化とは直接的には無関係である。

現実の変化というのは、実動してこそ起こるものであって、実動しなければ変化も前進もない。下手でも遅くても格好悪くても、実動したのであれば必ず変化は起こる（実

想止

そうし

変）し、前進するのである。

　想止ではあるが、想や氣持ちというのは実を促進させる正触媒のようなものであるため、それらがある場合の方がより変は起こって前進できるだろう。

振子

しんし

何かを起こすと、振り子のように必ず戻ってくる

◉ここかる

渡世の極意に関する4是。

何かを起こす（発起）と、それは振子のように必ず戻ってくる。利を与えると利を得られて、何かを奪うと何かを奪われ、情報を与えると情報を貰え、何かを紹介すると何かを紹介してもらえる。コミュニケーションや振る舞いも同様で、優しくすると優しくしてくれ、笑うと笑ってくれ、笑わせると笑わせてくれ、助けると助けてくれる。見下すと見下され、軽蔑すると軽蔑され、警戒すると警戒される。

欲しいなら、まず与えること。これは渡世を送る上で、

発起

ほ　っ　き

肝に銘じておくべきことである。

主劇

しゅげき

人生は、様々な人を巻き込んだり引き入れたりして作っていく自分が主役の劇である

◉ここかる

人生は台本のない劇である。自分は主役として出演し（主）、様々な人を巻き込んだり引き入れたりして（巻引）出演者全員で作り上げていくもので、自分一人だけでは決してできないものである。

人の数だけ劇があり、全てが世界に一つしかない素晴らしいものである。多くの人に参加してもらって賑やかなものにしたり、思い詰めた難解な内容にしたり、血湧き肉躍る内容にしたり、登場人物を少なくして心が和むものにしたり、誰も信用しない殺伐なものにしたりと、台本がない

巻引

けんいん

ので劇の内容は自由そのものである。
また、自らも他人の劇に参加して、何かの役を担ってい
る。職場や家庭、住んでいる地域というのは劇中の舞台の
ようなものであり、舞台が変われば役も変わるものであ
る。故に、本当の自分とは一体何者なのかといったことを
突き詰めて考える必要というのはあまりなく、その舞台ご
とに与えられた役柄をしっかりと演じきって、主劇を心残
りのないものに仕上げていくということに注力すればいい
のである。

紡閃

ぼうせん

諸所から吸い取ってきたアイデアを紡いで、閃きを生み出すこと

◉ここかる

閃きに関する4是。

閃き（閃）は鍵のようなものである。閃の鍵で扉を開けていくことで、物事の状態を一つ上のステージにさせたり、行き詰まった局面を打開できたりする。

世の中にはアイデア（想）が満ちており、あちこちの土地や物、様々な人から吸い取ってきて（吸）、それらを紡いで閃を生み出していこう（紡閃）。

閃というのは偶然の産物などではなく、想の集合体であり、紡閃の賜物なのである。

吸想

きゅうそう

蜘巣
ちそう

発した言葉や歩んだ足跡は、蜘蛛の巣のような網を形成していく

◉ここかる

自身の知恵や経験、発言や人脈、足跡（言跡）というのは、蜘蛛の巣に似ている。全ての言跡は、蜘蛛の巣のように自分を中心に広がっている（蜘巣）。

大きさや目の粗さ、材質や太さなど構造は人によって異なるが、この蜘巣というのは自分の存在を証明するものであり、吉事を引っ掛けてくれる網である。

人脈の蜘巣に関しては自分のものと知り合いである人のものとは互いに重なり合って繋がっているため、境目は非常に曖昧であり、その意味で他人の蜘巣も自分のものであ

言跡《げんせき》

るといえる。
このように人と人というのは、一つの大きな蜘巣によって繋がっているのである。

懸命

けんめい

腹が白く、素直で懸命である様

◉ここかる

大人になるにつれて本心を隠したり打算的になったりして、少しずつ腹が黒くなりがちであるが、腹は白く素直（白朴）でいる方が物事をよく吸収できるため、成長には有利である。腹黒い部分というのも多少必要ではあるのだが、我欲が存する以上、それは元々一定程度備わっているため、意識すべきは白朴でいるということである。

また、何事にも懸命に取り組んでいこう（懸命）。懸命によって物事は発展性を帯び、次に繋がる展開となりやすくなり、それは成否と同等以上に重要なことである。

腹の白さに人は惚れるのであって、聡明な人ほど白朴を

白朴

はくぼく

評価し、懸命さに心を打たれ、良き理解者となって永くサポートしてくれるであろう。

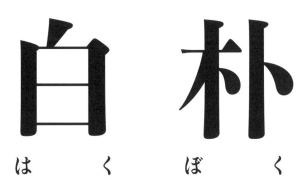

知大《ちだい》

転がる雪玉に雪が付着するように知見を広めて、大きくなっていく

◉ここかる

生きるとは、坂を転がる雪玉（転雪）のようなものである。転がれば転がるほど雪が付着するように知見を広めて、転雪の質量と勢いを増して人として大きくなっていこう（知大）。

知大となって不安や悩みに打ち克って、上り坂さえも難なく転がっていけるような転雪となろう。

転雪
てんせつ

他功

たこう

頼るのは自分、成っても功は他に存する

◉**ここかる**

功と責任に関する4是。

頼りにするのはあくまでも自分自身であり（自頼）、自分で命運を握るようにしよう。他人を頼りにしすぎると、往々にして人は成功すると自身の功を過大に評価し、失敗すると他人の落度を責めるという狭量な考えに陥りがちである。他人を頼りにする場合は、失敗してもその判断を下した自分自身へと責任を問うようにすることを心掛けよう。

また、功というのは自分にではなく他者に存し（他功）、内的ではなく外的な事情や要因のお陰である。他功やお陰

自頼

じらい

の存在に常に感謝の氣持ちを抱いて、決して自惚れないようにすること。そして、安心して自頼できるよう日々成長を遂げていくということが肝要なのである。

寒乾

かんかん

昇ったり沈んだり、寒くなったり暑くなったり、乾いたり湿ったりと刻々と変化すること

◉ここかる

変化に関する4是。

人生浮かぶこともあれば、沈むこともある。日は沈んでも沈んでも何度でも昇ってくる（日昇）ものである。決して沈んだら終わりではない。

気候は寒暑（寒）を繰り返し、空気も乾湿（乾）と変化していく。人もそうあるべきである。落ちても上がり、倒れても起き上がり、冷たくなっても熱くなり、擦れてドライになっても人情味溢れるようになり、偉そうになっても腰が低くなり、やめてもまた始め出そう。

日昇

にっしょう

変化こそ肝要であり、そしてそれは至極自然なことなのである。

仰裕

ぎょうゆう

雲に乗って鼻歌を歌うような氣味合いと仰角目線で、心の余裕を保つこと

◉ここかる

心の余裕に関する4是。

生きていく上で最も必要なものの一つが、心の余裕（裕）である。裕は〝ここかる〟の構成要素で、プラスのチカラを継続して生み出していく太陽のようなものである。裕が減ると心は闇に支配され、よこしまな氣持ちや考えが生まれて、思考や物事がマイナス方向へと展開していく。問題解決の糸口となるアイデアというのはこのような状態では生まれにくく、また、人は厭世的で陰氣な人よりも楽天的で陽氣な人についていくものであるので、裕がな

雲鼻

うんび

くなると、人が離れて孤立してしまうこととなるだろう。

裕を保つには、雲に乗ったような広くゆったりとした心持ち（雲）で鼻歌を歌うような氣味合いでいること（鼻）が肝要である。どんなに失敗しようが、人に叱責されようが、疲れていようが、生活が窮乏しようが、雲鼻で裕を保ち続けよう。

また、仰角目線（仰）でいることも裕の維持には有効である。仰でいることで謙虚な姿勢が醸成されて、人や物事の良いところに着目することができ、裕が生じやすくなるから。

裕があってこそ、ここぞという時の馬鹿力は発揮できるものであり、その意味で裕というのは有事への備えでもあるのである。

生幸

せいこう

風を受け、流れる水の音を聴いて、生きている幸せを感じること

◉ここかる

幸せに関する4是。

幸せは恥ずかしがり屋である。目立つ所にはあまりおらず、目立たない所にひっそりといることが多い。かくれんぼが大好きなので、いつも氣に留めて探してみてあげよう。風や流れる水の音（風水）となって自分から出てくることもあるので、それらを体感する度に生きている幸せを全身で感じていこう（生幸）。

幸せとは案外身近な所に転がっており、かつ多様なかたちが存在しているものなのである。

風水

ふうすい

夏虫

なつむし

楽しい場所や人に夏虫のように人が集まってくる様

◉ここかる

楽しさの持つ引力に関する4是。

楽しさ（楽）には強い引力がある。明かりに吸い寄せられる夏虫のように楽がある場所に人は集まってきて（集）、楽がある人に人はついてきて、運も同様に楽集してくるものである。

人や運を引き付けるためには、自身が楽というものを追求して実践していくということが肝要なのである。

楽集

らくしゅう

愚《ぐ》流《る》

敢えて恍けて流されやすい愚かな感じでいたり、思料したりすること

◉ここかる

愛嬌に関する4是。

常識という型通りの振る舞いだけが正しいとは限らない。人から愛されるには愛嬌も必要であり、敢えて恍けたり（敢恍）、流されやすく愚かな感じ（流愚）で無知者を演じたりして醸成していこう。愛嬌に富むと人に可愛がられて、多くのチャンスが巡ってくる。ただし、敢恍や流愚は意識した隙や上質な愚かさでなければならず、無意識に行ってしまった場合や相手の足を引っ張るような内容や質の悪い恍愚などでは逆効果となるので注意すること。

敢恍
かんこう

このように敢愚に振る舞ってみると、世の中の仕組みや成り立ちや人の心というものが今まで以上によく見えてくることだろう。

社懇

しゃこん

自分と違う考え方の人や異なる振る舞いをする人とこそ、懇ろになること

◉ここかる

自分と近い考え方の人や似たような振る舞いをする人に対しては自然と親しみを抱けるので、懇ろになることは比較的容易である。一方、自分と違う考え方の人や異なる振る舞いをする人（違異）と懇ろになることは容易ではないが、人としての幅が広がって自身の成長に繋がるため、違異とこそ懇ろになろう（社懇）。

人は、年齢と共に個が確立されて受容性が減少していく傾向があり、歳を重ねていけばいくほど社懇は難しくなっていく。しかし、違異のみならず誰とでも分け隔てなく懇

違《い》異《い》

ろになれる人柄というのは、人を大成させる重要な要素の一つである。

性が合わないとすぐに違異とは関わりを断とうとするのではなく、合うように工夫したり、合わない点を逆に繋がりに変えていけるような発想の転換をしたりして、社懇していこう。

極備

きょくび

両方の極端を、極めて備える

◉ここかる

人の器の形に関する4是。

一つの要素だけに特化するのではなく、両極端にある二つの要素（両端）を極めて備えるようにしよう（極備）。人としての幅が広がっていき、それはそのまま自身の器となっていく。

極備した両端を繋いだ線をある一点を中心として上下左右に配置し、端の点を繋いでいったものが器の形である。様々な分野の両端をバランスよく極備していると円形に近い器となり、ある分野のみに特化しているとユニークな形の器となる。

両　端

りょうたん

生きている限り両端を追求し続け、それらの線を伸ばしていくことで器を大きくしていこう。

悩消

のうしょう

巨視的に捉えたり、本能に即して考えたりして、悩みを消失させること

◉ここかる

悩みに関する4是。

人生に悩み（悩）というのは付きものであるが、悩が多すぎると前に進むことが困難となる。悩を減らして、一つ一つの選択のスピードを上げて、前に進みやすくすることが肝要である。

悩を減らすためには、物事を巨視的に捉えて（巨）、より高くより深くより長い範囲で考えるようにすること。悩は物事を微視的に捉えて瑣末な部分を考えれば考えるほど生じやすく、巨で目的を虎視して考えると消失（消）しや

巨本

きょほん

すいものである。

　また、悩は自分を偽り本心と乖離することによっても生じやすいため、本能に即して考える（本）ということも悩消に効果的である。理性は時に自分を偽るが、本は決して偽らず、本心との乖離もないので悩が生じにくくなるからである。

　巨や本によって悩消させて、心身に余裕を齎し、〝ここかる〟でいれるようにしよう。

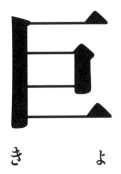

占溢

せんいつ

面白い事柄で頭がいっぱいになり溢れ出る様

◉ここかる

楽しく生きるコツに関する4是。

楽しく生きるコツというのは実にシンプルで、有限である頭の容量の全てを面白い事柄（面白）に占領させること（占）である。嫌なことや辛いこと、暗いことは意識的に排除して、限りある頭の貴重な容量をそれらには使わせないようにしよう。

面白は待っていたって愚痴を言っていたって永遠にやって来ない。自ら面白を行うことによってのみ、やって来るものである。面白について考えて実行すると、それらが次々とやって来るため、更に新たな面白を思いついて実行

面白

めんぱく

したくなってくるだろう。

このように面白で頭の容量をいっぱいにして、なおも増やし続けて頭から溢れ出てくる（占溢）というのが理想の状態で、そうなるともう出てくる発想が面白のみとなり、否が応でも楽しく生きてしまうこととなるのである。

人語

じんご

奔放に生きて、人を語る

◉ここかる

充実した人生に関する4是。

この世に生を受けた以上、誰しもが充実した人生を望んでおり、それは至極当然のことである。充実した人生を望むならば、奔放に生きて人を語ろう（人語）。

充実した人生とは生き方そのものが問われており、奔放に生きるということをベースとしよう。奔放はエネルギッシュになれ、発見が多い生き方である。奔放に生きることで、常に身体中にエネルギーを漲らせて、未知なる世界や自分を発見し続けていこう。

人語も充実した人生には欠かせない要素である。人語

奔放

ほんぽう

は、人との時間を大切にしてきたという結果であり、支え合って生きてきた証そのものである。単なる好き嫌いや良い悪いという二元論ではなくて、その人特有の個性や歴史などについて多面的に語れるようになろう。

奔放はともすれば、独りよがりな一匹狼のように他人への興味や関心が薄くなって、思いやりが欠如した人となってしまうこともあるので注意しよう。奔放と人語、両方あってこそ充実した人生に近づくのである。

半誤
はんご

主観は脇に置いて話を聴き、自身の考えの半分は誤りと認識すること

◉ここかる

主観の弊害を説いた4是。

主観は、自分が自分であるためになくてはならない無二のものではあるが、物事の本質を見極める際には障害となる場合がある。主観は堅牢な扉のようなもので、主観が強すぎると扉は閉まってしまい、視野が狭まったり狭量になったりして柔軟性を著しく欠く状態となる。新たな風が吹き込むせっかくの機会を失うこととなり、精製される発想は扉の中の固定された観念から生まれるものとなる。

主観を唯一の正しいものだと信じきってしまうと、バッファが減って、人の意見を否定しがちとなる。そうなると結果

主置

しゅち

として自説を洗練する機会を失うこととなり、主張を始め自身の表現全般における発展性は減少してしまうだろう。

人の話を聴く際は、一旦主観は脇に置いて（主置）、扉を大きく開いて風通しを良くして、会話をただの自己の見解の正誤を検証する作業に陥らせないようにしよう。相手の見解を、自分と同等若しくはそれ以上であると思うということが肝要なのである。

また、決めつけのリスクを抑えるため、自身の考えの半分は間違っていると認識しよう（半誤）。半誤によって判断ミスを起こりにくくし、本質を見誤るといった事態を避けることができる。また、意見を言う際も半誤で行うことで、柔軟性を備えたものとなって、相手にもより伝わりやすくなるだろう。

主置や半誤によって自身の不完全さを認識していると、より多くの情報を吸収することができ、その結果、視野が広がって発想も自由なものとなり、主観の弊害を取り除くことができるのである。

篤器《とっき》

人の器は、優しさ、寛容の精神、篤心でできている

◉ここかる

人の器に関する4是。

人の器は、優しさ（優）、寛容の精神（寛）、篤心（篤）という三つの要素で構成されており、それぞれを増大させていくことで器は大きくなっていく。

反対にこれらを減ずる行為を行えば、金銭は得られるかもしれないが、器はどんどん小さくなっていく。

優 寛

ゆう　かん

沈損

ちんそん

偉そうに振る舞ったり人を侮ったりすると、成長は沈滞し、損をする

◉ここかる

どれだけ機嫌が悪くても、相手よりも立場が上であっても、相手に非が多くても、人に対して偉そうにしたり侮ったりして見下すような態度や行動（偉侮）はとらないようにしよう。偉侮すれば自身の心は暗雲に覆われ、人は離れていき、成長は沈滞する（沈）こととなる。

このように偉侮はすればするほど、自身にとっても損になる行為であるということを肝に銘じておこう。

偉《い》侮《ぶ》

結実

けつじつ

基礎力と運によって、結実する

◉ここかる

基礎力と運に関する4是。

基礎力と運（基運）は結果に結びついており、結実するためには基運の向上に努めよう。

今現在調子が良くて結果が出ていたとしても、基が不足しているならば、その活躍は短命に終わるであろう。基の修練は繰り返しの作業が主であるため、地味で面白味に欠ける面があるかもしれないが、運と共に結実に直結しているので、手を抜くことなく継続して積むようにしよう。

基だけあって運がなければ結実しないが、運だけあっても基がなければ、それも同じく結実しないものなのであ

基運

きうん

る。

実均

じっきん

耕す行為、種を蒔く行為、果実を獲得する行為は、全て均しい価値である

◉ここかる

見栄えと価値に関する４是。

耕して（耕）、種を蒔いて（種）、果実を獲得する（実）という一連の流れで農作業は進んでいく。その中で一見見栄えが派手な実が一番価値がある行為と思いがちであるが、全て同列であって価値の差なんてものは存在しない。耕種実はそれぞれ見栄えは違っても、価値としては全て均しい（均）ものなのである。

その意味でこれらには優劣なんてなく、優先順位も同列であるため、それぞれ万遍なく行うということが肝要なの

耕種

こうしゅ

である。今は実が多くても、耕種を怠るとその後の実は減少し、やがて食うに困ることとなる。反対に、今は実がなくても怠ることなく耕種に勤しむと、実の機会を増やすことができるのである。

このように見栄えと価値というのは必ずしも一致するとは限らないため、見栄えに惑わされることなく冷静にそれらの価値を見抜き、その時々に本当に必要なことを淡々と遂行していこう。

蛍《けい》蝦《か》

蛍の放つ光のような明るさと
蝦のような元氣さで、
他者のために活動すること

◉**ここかる**

出世に関する4是。

出世には偉業の達成と味方の存在というのが不可欠であり、偉業とは小さな成果の積み重ねである。光を放つ蛍のように自身がいる空間に明るさを齎し、飛び跳ねる蝦のように元氣に活動（蛍蝦）して、成果をあげていこう。

自分のためだけではなく他者やチーム、組織といった己の外部に存するもののため（他為）に蛍蝦で取り組むことによって、自身のパフォーマンスやモチベーションというのは向上する。また、他為は味方づくりにも効果的で、出

他《た》為《い》

世へと繋がるものである。

　このように他為を追求していくと、回り回って自分のためにもなるという仕組みとなっていることを体解していこう。

体没

たいぼつ

精神、頭、体をフルに使って、人生に没入する

◉ここかる

強い精神（精）からは強い精氣が放たれ、身体中に充満する。このあり余る精氣の使い所を頭で考えて（頭）、体を張って事に当たって（体）、人生に没入しよう（没）。自分の人生というものは、どんなゲームや創作物よりも一番奥が深くて面白いものである。

精頭体全てをフルに使って、一瞬一瞬に己の精氣を注ぎ込んで、明るく楽しく没していこう。

精頭

せい　　　　い　　　　ず

野性

やせい

才能は野性を起源とするものである

◉ここかる

才能に関する4是。

才能（才）は努力では如何ともし難い人智の及ばぬものとされており、その自覚の有無によって希望を失い、歎息して、心が重たくなってしまう場合がある。一般的に才は生まれつきのものとされており、それ故にどうしようもなく諦めるしかないといった心境になるからである。

しかし、才というのは野性を起源（起）とするものであり、その結びつきは非常に強く、野性的であればあるほど才を発揮しやすくなるものである。つまり、野性を磨くことによって才を伸ばすことができるため、才というのは後

才起

さ　い　き

からでも身につくものなのである。

風鶏

ふうけい

人からの評価は次位に置いて、風見鶏のように向き合うこと

◉ここかる

評価との向き合い方に関する4是。

人の評価（評）によって様々な機会に恵まれるため、評は立身に必要なものである。しかし評への過度な意識を持つと、人の顔色を窺い過ぎて萎縮してしまいがちであるので、評は次位（次）に過ぎないものであるとの認識を持とう。

次位のものに氣を取られて、本当に大切なものを見失わないようにするということが肝要である。目指したいもの、なりたい自分、やりたいことこそが最上位のものであって、評によってそれらが頓挫することのないように注

評次

ひょうじ

意しよう。

また、評を氣にしすぎる者は評を超越する行動をとれず、その分だけ狭量となりがちであるので、偉業の達成や壮大なものを生み出すということが困難となってしまう。

評に対しては、風見鶏（風鶏）のような向き合い方でいいのである。評というのは機会と同様、風の如く自由氣ままに吹くものであり、そんなものにいちいち氣を取られて自分のペースが乱されるという悪習があるならば、すぐに断ち切ろう。

評に対しては風鶏の如く、ただ風向きを確認するくらいで丁度いいのである。

大笑

たいしょう

機を逸して失敗しても、大笑いすること

◉ここかる

笑うということは〝ここかる〟に直結する行為であるので、いつでも顔や心に笑みを絶やさないようにしよう。特に機を逸して何かを失敗した時（失機）こそ、いつもより大きく笑う（大笑）ということを心掛けよう。

失機によって氣を落としすぎると、次からミスを恐れるあまり萎縮してしまって、体や表情は硬くなり、徐々に心は曇っていってしまう。そしてそれがエスカレートしてしまうと、自己嫌悪という最悪の泥沼に嵌まることとなる。

自己嫌悪という状態は奈落そのもので、それに嵌まると強固な負のスパイラルに陥ってしまい、底なしの暗黒の世

失機

しっき

界を彷徨うこととなる。本来持っている意志や感情というものが凍結してしまい、意欲が湧かず氣力を失った状態となる。この世界の全ての色が分からなくなってしまって、まるで深海にいるような漆黒の闇に全身が覆われて、生きた心地がしないものとなる。

極論すれば自己嫌悪を避けるためならば、どんな行動でも選択するべきであり、失機しても大笑しながら己の未熟さを振り返るくらいでいいのである。

言矢
げんや

身体は弓で、言葉は矢である

◉ここかる

身体と言葉に関する4是。

身体は弓（身弓）で、心は弦で、言葉は矢（言矢）である。言葉を発するというのは、身弓で言矢を射ることである。胸を張って氣持ちを込めて射ることで言矢を勢いよく飛ばすことができ、しっかりと突き刺すことができる。

心は弦なので、心を鍛えることによって弦はより丈夫なものとなり、長い矢や太くて重い矢も飛ばすことができるようになり、表現方法が多彩となっていく。心身を鍛え、多様な言矢を扱うことによってより深くより遠くより多くの人に言矢を届けることができるようになるだろう。

身弓

しんきゅう

肉体は精神によって放たれて動きだすことができるため、肉体と精神の関係もこの言矢と身弓の関係と同じである。

数楽

すうらく

臨場感を出しながら、リズム良く数字を交えて楽しそうに話をすること

◉ここかる

話し方に関する4是。

話し方というのは内容と同じくらい重要で、話し方が悪ければ、いくら内容が良くても結果としてあまり人には伝わらないものとなる。

何かを伝える時は、自分があたかも今その場面にいるかの如く話をして、相手にもその情景が浮かぶくらいの臨場感を前面に出していこう（臨）。何かを報告する際も、臨で行うと事の流れや内容をよく思い出すことができるため、漏れのない正確な報告となる。

臨律

りんりつ

また、音楽のようにリズミカルに話を展開させて（律）、聴いている人を心地良くさせよう。その際、所々に数字（数）というスタッカートを入れることで内容を引き締めて、話に引き込ませていこう。

話し方や内容以上に大切な要素は、話をするという行為そのものを楽しむこと（楽）である。話し方というのは楽がベースとなっており、臨律数の効果というのも楽があってこそ発揮されるものなのである。

楽と話し方と内容、この三つの要素を意識して話し上手を目指していこう。

話才

わさい

話題の肉付けや脱線によって、話のセンスを磨く

◉ここかる

話のセンスに関する4是。

コミュニケーション方法としての最たるものは話すという行為であり、肝となるのは話のセンス（話才）である。

話というのは、話題の肉付け（付）によって厚みが増して質も向上するので、付の種類ややり方を色々試行してみて、話才を磨いていこう。例えば、挨拶に感謝の言葉を付するだけで挨拶の厚みが増したり、氣遣いをする時に選択肢の提案を付することで、思いやりの質が向上したりする。謝る時も至らなかった点を明確にして付することで効果が増したり、感謝する時も受けた恩を具体的にして付す

付脱
ふだつ

ることで氣持ちがより伝わるものとなったりする。

また、話をわざと脱線させるということ（脱）も話才の向上には有効である。脱によって振り幅を作って、話の範囲を広げていこう。話というのは聴き手の反応によって常時軌道を修正していくものであり、脱によって話の範囲を広げることは、聴き手の反応を探るのに最適なのである。脱を受け入れるのか拒絶するのか、はたまた拒絶はするが内容によっては一部受け入れるのかなど、しっかりと聴き手の反応を見極めていくこと。その上で、特に脱を拒絶する反応であった場合は、本筋と関連した事項を抽出して結合させて、本筋の話と繋げて一貫性を維持していこう。

話才は実践した場数の分だけ向上する。一旦頭で考えることなく、自然に付脱ができるようになればコミュニケーション全般に自信がついて、今まで以上に人との会話が楽しいものになるだろう。

本還
ほんかん

自由氣ままに話をして、話の本筋に還ること

◉ここかる

言葉に関する4是。

言葉とは本来何の束縛も受けない自由なものであり、意味や目的、効果や影響など氣にしたり考えたりする必要はなく、何を言ってもいいもの（不羈）である。言ってはいけない言葉や表現に束縛されて話をすると、内容の伝達率は下がり、自分らしさという魅力も減少するため、結果的に事の成功確率も下がってしまう。

多少の失敗はあるかもしれないが、不羈で話をする方が、自分を縛って縮こまって話をしたり、何も言わなかったりする場合よりも得るものは断然多い。言ったことで

不羈《ふき》

何か失敗しても挽回することができるが、何も言わなかった場合というのはそもそも何も起こらないので、失うものはないが得るものもない。失敗を挽回するというのも一種のチャンスであって、不羈で話をして話がどう転がっても本筋に還って立て直す（本還）ということが肝要なのである。

　失言や話が意図しない方向へと転がっていくというのはよくあることであり、そうならないように抑制して自重するのではなく、そうなっても本還させていくということに注力していこう。

聴盛
ちょうせい

会話の真髄は聴くことであり、そのために話を盛り上げる

◉ここかる

会話に関する4是。

会話の真髄（話髄）は、聴くことにある。

聴くために話をして盛り上げ（聴盛）、それによってより多くの話を聴けるようにする。要するに話すという行為は、相手がもっと話をしたくなるように合いの手を入れるという行為なのである。

別の言い方をすると、話すという行為は誘い水のようなものであり、決してこちらが喋りたいことを喋りたいだけべらべら喋るということではない。如何にして相手に話をする氣にさせられるかどうかということが重要なのであ

話髄《わずい》

る。

それが会話と雑談における話すという行為の違いであり、合いの手の要素を帯びると、それは会話となる。

引煽

いんせん

銃を突きつけられても眠氣を感じるくらいに泰然と構えて、引き立て役となって煽てること

◉ここかる

人蕩らしの方法を説いた4是。

この社会は人と人との繋がりで成り立っており、繋がりを増やすのに人蕩らしとなることは有用である。

人蕩らしとは、人の心をつかむということに長けており、人に好かれやすく多くの人を惹きつけて虜にしてしまう人である。人の心をつかむには、相手の懐に入り込むことが肝心であり、そのためには銃を突きつけられても眠氣を感じるくらいに泰然と構えて（銃眠）、引き立て役となって煽てていく（引煽）ようにしよう。

銃眠

じゅうみん

相手の懐に入り込むということが目的であるため、無知というのは決して恥ではなく、むしろ場合によっては敢えて無知で通すべき場面もあるので、無知を恥じて萎縮する必要なんて一切ない。相手に氣持ちよくなってもらうという思いで如才なく引煽し、相手に疑心なく好かれていると思わせよう。

継続して一心に引煽していると、相手の懐が開く瞬間というのが必ずやってくるので、機を逸しないようにつぶさに観察してしっかりと備えておこう。

利色
りしょく

凡庸な問いかけによって、相手の色を見極める

◉ここかる

肚の探り方に関する4是。

人の思考や感情には全て独自の色があり、その人の持つ色の見極め（利色）が相手を理解するための重要なプロセスである。

相手が色を付けやすいような凡庸な問いかけ（凡問）を行い、それに対する反応や返答を利色することによって相手の肚を探っていこう。

警戒心が強くあまり色を表出させない人の場合は、こちらから先に色や凡なる反応を見せて警戒心を解いていって、相手の色を上手に引き出していこう。

凡問

ぼ　ん　も　ん

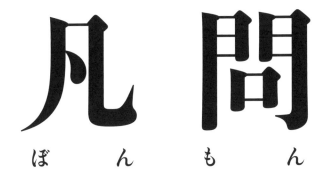

双利

そうり

赤裸々に経緯を語り、相手の弱点を把握した上で、双方の利益を説く

◉ここかる

交渉に関する4是。

交渉事というのは、仕事だけでなく日常生活においても多く存在しているものである。しかし、学校教育では軽視されているのかそれらについて学ぶ機会はあまり設けられていない。

交渉に臨む態度というのは、今までの経緯や事情を赤裸々に語り（赤）、相手の弱点（弱）を把握した上で双方の利益を説くもの（双利）である。

赤は信用の構築作業で、事象や問題点における事実関係

赤弱

せきじゃく

を一致させることによって、誤解を解いたり発生の予防ができたりする。

弱は交渉のきっかけをつかむためのもので、相手を利害関係の輪に組み込んで、交渉のテーブルにつかせることができる。また、こちらの要求を呑ませるために、場合によっては使用する備えておくべき攻撃材料である。

双利は快く交渉に応じさせるためのもので、押し付けではなく互いの自由意思の下で交渉を進めているという意識を共有でき、単純な損得の選択の判断という段階に移行しやすくなる。

自身の利益をしっかりと獲得し、かつ互いに納得できる爽快な合意というものを、交渉によって取り付けていこう。

咲華

しょうか

声を掛けて、華を咲かせる

◉ここかる

挨拶や声掛け、連絡（声掛）は自分から積極的にしていこう。

声掛はすればするだけ華が咲き（咲華）、数多く咲華させることによって、華のある人物となっていく。距離感がどうか時間帯がどうか空氣がどうかなんてことは極力氣にせずに忌憚なく声掛して、はな咲か爺さんのように方々に咲華させていこう。

声掛をすることで人と交流できるため、様々な機会に恵まれていく。風貌や状態、考え方や行動、歴史や生き方などその人が持つあらゆる面に興味を持って、積極的に声掛

声掛《せいか》

して咲華していこう。

包恩

ほうおん

腰が低く爽やかな感じで包み込むように接して、恩に報いること

◉ここかる

人との接し方や振る舞いに関する4是。

人には腰を低くして爽やかな感じで、包み込む（腰爽包）ように接しよう。立場にものを言わせて、傲慢な感じで冷たく突き放すような態度で接すると、ただただ不快な印象を相手に与えてしまうだけであり、自身も徐々にプライドの塊となってしまうため、誰も〝ここかる〟になることはないという結末を迎えること　だろう。過剰なプライドというのは、自らの視野を狭めて機会を減らしたり、感性の鈍化によって魅力が減少したりして、人が離れていく

腰爽

ようそう

という大きな弊害を齎す元凶そのものである。

また、恩に報いる（恩）ということも念頭に置いて行動しよう。恩と感謝の親和性は高く、恩を念頭に話をすることで、適時に感謝の氣持ちを伝えることができるだろう。

腰爽包で人と接して好印象を抱いてもらい、恩という行動を積み重ねて良好な人間関係を築いていこう。

清耳

せいじ

晴天のような心と清澄な耳目

◉ここかる

誤解と偏見に関する4是。

誤解というのは、誤った情報や偏見から生じるものであり、偏見とは先入観による濁った耳目で物事を捉えることによって生じるものである。晴天のような心（晴心）が成す清澄な耳目（清耳）をもって物事の本質を捉えようとすることで、偏見は生じにくくなり、誤解の発生も抑えることができる。誤解や偏見がなくなれば、人と人との心の距離は今よりももっと近くなり、多くの人と一体感を醸成することができるだろう。

晴心は〝ここかる〟の構成要素である。晴心なくして清

晴心

せいしん

耳はなく、清耳なくして成長はない。

詫感

たかん

真実は抜きにして、詫びや感謝の言葉を言うこと

◉ここかる

「すみません」という詫びの言葉や「ありがとう」という感謝の言葉（詫感）は魔法の言葉である。発すれば発するほど物事が円滑になったり、周囲の運氣が向上したりするという効果を齎す。

本当に悪いかどうかや感謝に値するかどうかなど真実は抜きにして（真抜）、詫感をごく自然に瞬間的に発することができるようにしよう。

真抜で詫感を発すると、その効果はより強いものとなり、また真抜という事情は相手も容易に理解できるため、結果として尊敬の念を抱かせることとなるであろう。

真抜

しんばつ

追風

つ い ふ う

現在や過去の全ての出来事や経験は、人生の追い風となる

◉ここかる

今現在の状態というのは、過去に起こった全ての出来事を基に形成されている。故に何か一つでも欠ければ、この状態には行き着かなくなり、今とは違ったものとなってしまう。このように今までに起こった全ての出来事というのは、今という状態にとってなくてはならないものであるため、それらは自身を構成している要素そのものなのである。

つまり現在や過去にあった全ての出来事や経験（今昔）というのは自己の存在を証明するものであり、それらは自分だけの応援団の如く、いつだって自身の背中を強く押し

今昔

こんじゃく

てくれている追い風（追風）なのである。

楽来
らくらい

苦しい時に人を助けると、楽になる時がやって来る

◉ここかる

人助けに関する4是。

人助けは、自身が苦しい時には余裕がないため、楽になった時にしようと思いがちである。しかし、日々に追われて生きているとそれなりにずっと忙しいため、楽になるような状態というのはそうそうやって来ないものである。

そして結局、人助けはできないままただ時間だけが過ぎていく。

人助けというのは、自身が楽になった時にするものではなく、自身が苦しい時にこそする（苦助）ものである。精一杯苦助していくことによって、いつか自分も苦助しても

苦助

くじょ

らえ、楽になる時がやって来る（楽来）だろう。

考涵

こ　う　か　ん

頭の余白を拡大させて、考えるチカラを涵養する

◉ここかる

考えるという行為に関する4是。

考えるという行為は、いたずらに知識を増やして詰め込んでいって頭の中の余白を減らしていくことではない。このような考え方は、否定的な要素の比重を増やすことに繋がり、最終的に悲観的な結論を導いてしまいがちとなる。考えることによって心が重くならないようにするべきであり、考えるという行為は頭の中の余白を埋めていくということではなく、頭の中に新たなキャンバスをつくって余白を拡大していくこと（余拡）である。

頭の中の余白というのは考えるチカラ（考）に直結して

余拡

よかく

おり、この余白こそ考を育む土壌である。つまり余拡によって考を涵養すること（涵）が考えるという行為なのである。

話をする時も聴く時も、余拡を意識するようにしよう。そして余拡によって考涵し、肯定的な要素も見据えた結論を導くようにしよう。

血肉
ちにく

体で理解したものが、血や肉となる

◉ここかる

体でする理解（体解）というのは、頭でする理解とは異なる。体解によって得られるものというのは、頭で理解して覚えることによって得られる装飾品のようなものとは違い、血となり肉となって自身の構成要素となるものである。付けたり外したりできて、時々なくしたり忘れてしまったりする装飾品のようなものとは違って、体解によって得られたものというのは自身の一部分となるため、忘れるということがないのである。

体解するためには、頭よりも体を多く活用していくということが肝要である。五感を一つの感覚器官だけではなく

体解
たいかい

体そのもので感じようと、体全体で触れて、体全体で見て、体全体で聴いて、体全体でにおって、体全体で味わい、体全体で考えるのである。

行き詰まったり追い詰められたりした非常の際には、実はこのような体解によって得られたものしか役に立たないため、何かを習得する際は体解するということを心掛けていこう。

繋人

けいじん

世の中を敬愛して、人と繋がる

◉ここかる

人を好きになる方法を説いた4是。

人を好きになれずに人を大事にできない人というのは、必ず衰退する。自らの才覚やチカラだけで人生を切り拓いて生きてきたという勘違いは慢心を招き、多くの人のお陰で今まで生きてくることができたという原点を忘れてしまって、長きに渡って彷徨うこととなるからである。

世の中を敬愛すること（敬世）で、人を好きになることができる。この世の中に存在している自身の好きなものや好きなことというのは、どこかで誰かが作ってくれているものである。対価の有無は別にして、こうしたものを生産

敬世
けいせ

してくれている人達がいなければ、これらのものも世に存在しなくなるため、その物事の裏にいる直接は知らない人達のことも含めて好きになろう。そして、敬世によって好きなものに限らず、楽しくなるもの、ないと困るもの、不快になるもの、なくてもいいもの、嫌いなものを生産している人達でさえも好きと思えるようになろう。

このように敬世によって人を好きになれたなら、多くの人と繋がれる（繋人）ようになっていく。繋人して人と互いに支え合って生きていくと、発見の連続があり、自分という人間の本質に触れることができるだろう。

自由
じゆう

生きることは旅であり、自由そのものである

◉ここかる

生きるということは、長い旅をしているようなもの（生旅）である。

旅行ではなく旅であるので、目的や行き先はもちろん、期間や行程、宿泊地でさえあってもいいし、なくてもいい。何かをしてもいいし、何もしなくてもいい。全ての選択肢に縛りなんてなく、何を選んでもいいのである。

要するに自由なのである。

旅は自由の化身であり、自由から〝ここかる〟は生まれる。何かをやりたければやればいいし、やめたければやめればいい。人生の旅路というのは誰も邪魔することはでき

生旅
せいりょ

ないし、何かを強要することもできない。全て自分の手の中にあり、自分次第であるということを心に刻もう。

旅も人生も、他人に迷惑をかけてはいけないという最低限の決まりはあるが、それ以上の決まりはなく、本質的には自由そのものである。そのことを踏まえた上で、その時その時に存在する様々な決まりや縛りというのを甘受して、自由に生きて、人生という旅を大いに楽しんでいこう。

この世に生きる人は、皆旅人なのである。

易直精童若今青未心豊喜層優見存讃人好通自豊源自約我事研己
嘲小鼓山機風涼弾煩好天地過晒玉璧受考明暗稽心展礎体心根馴
愉優苦劣守難攻易肯感恵僥心空氣虹情貴真交生創探感有人商鍵
謬俗笑覇地弛単懐朗飄解粋興齎肚情強虐伏喩速熟量捌交調試続
開貝至懐長繁皆儲大明他幸千手三手元分盟友駄役両輪愚基真賢
比否共肯和輪脈環壊壁限無四並推勘信旗満労縁知貯人他社天捧
陽曝向盛好敵去自想止実変発起振子巻引主劇吸想紡閃言跡蜘巣
白朴懸命転雪知大自頼他功日昇寒乾雲鼻仰裕風水生幸楽集夏虫
敢恍流愚違異社懇両端極備巨本悩消面白占溢奔放人語主置半誤
優寛篤器偉侮沈損基運結実耕種実均他為蛍蝦精頭体没才起野性
評次風鶏失機大笑身弓言矢臨律数楽付脱話才不羈本還話髄聴盛
銃眠引煽凡問利色赤弱双利声掛咲華腰爽包恩晴心清耳真抜詫感
今昔追風苦助楽来余拡考涵体解血肉敬世繋人生旅自由

いちょくせいどう じゃっこんせいみ しんほうきそう ゆうけんそんさん じんこうつうじ ほうげんじやく がじけんき ちょうしょうこさん きふうりょうだん はんこうてんち かさいぎょくへき じゅこうめいあん けいしんてんそ たいしんこんじゅん ゆゆうくれつ しゅなんこうい こうかんけいぎょう しんくうきこう じょうきしんこう せいそうたんかん ゆうにんしょうけん がくぞくしょうは じしたんかい ろうひょうかいすい きょうさいとじょう きょうぎゃくふくゆ そくじゅくりょうべつこうちょうしぞく かいかいしかい ちょうはんかいちょ だいめいたこう せんじゅさんて げんぶんめいゆう だやくりょうりん ぐきしんけん ひひきょうこう わりんみゃくかん かいへきげんむ しへいすいかん しんきまんろう えんちちょじん たしゃてんほう ようばくこうせい こうてききょじ そうしじっぺん ほっきしんし けんいんしゅげき きゅうそうぼうせん げんせきちそう はくぼくけんめい てんせつちだい じらいたこう にっしょうかんかん うんびぎょうゆう ふうすいせいこう らくしゅうなつむし かんこうるぐ いいしゃこん りょうたんきょくび きょほんのうしょう めんぱくせんいつ ほんぽうじんご しゅちはんご ゆうかんとっき いぶちんそん きうんけつじつ こうしゅじっきん たいけいか せいずたいぼつ さいきやせい ひょうじふうけい しっきたいしょう しんきゅうげんや りんりつすうらく ふだつわさい ふきほんかん わずいちょうせい じゅうみんいんせん ぼんもんりしょく せきじゃくそうり せいかしょうか ようそうほうおん せいしんせいじ しんばつたかん こんじゃくついふう くじょらくらい よかくこうかん たいかいちにく けいせけいじん せいりょじゆう

▼番外編コラム〈4是は宗教？〉

4是は宗教ではありません。なぜなら宗教には「絶対」があるからです。教義や戒律などの絶対があって、それらが宗教では背骨となっています。

4是には絶対はありません。背骨となっているのが「自由」だからです。どこまでも自由について考えて、自由や成長を追求していくのが4是です。

また宗教では教祖も絶対であり完全な存在ですが、4是の著者は絶対でも完全な存在でもありません。むしろかなり不完全な存在です（人一倍失敗を重ねてきた一人の平凡な人間です）。不完全だからこそ、4是を体解して少しでも〝ここかる〟になりたいと思っており、その意味で私も一読者そのものです。

まだまだ先は長い人生です。共に〝ここかる〟を目指して、切磋琢磨して生きていきましょう。

おわりに

最後までお読みいただき、ありがとうございました。

4是の捉え方は自由です。心が軽くなる御守りでも、心が重くなった時にすがる藁のようなものでも、単なる漢字の羅列でも、あなたが思ったり感じたりした通りの解釈が正解です。

一方、4是の存在意義というのは明確に決まっており、4是によって心のつかえを取り除き、〝ここかる〟となって生の喜びを増幅させていくことです。心が軽くなるにつれて、人生はどんどん楽しくなっていきます。4是によって〝ここかる〟となることで、精氣が湧いて生の喜びに満ちてくるでしょう。

内容の考察といった難しいことは後回しにして、まずは4是を呪文のように唱え続けてみて下さい。本書の活用方法として最も推奨するのは、素読です。素読によって、一つ一つの4是が生命体であるということを感じてもらって、日々起こる様々な出来事や変化する心情などあらゆるものに対応できるということを実感し、必要となる4是がその時々によって変わっていくという体験を味わってもらえるのであれば、作者冥利に尽きます。

〝ここかる〟を構成する最後のピースは、人を想う氣持ちです。人の幸せを想う氣持ちです。人の幸せを想うと、自分にも幸せが訪れます。

人を本当に想いやれたとき、人は成長します。

「〝ここかる〟ですか?」が、「お元氣ですか?」と同じくらいありふれた挨拶となることを願いまして……。筆を擱きます。

2024年3月吉日4是晴れ　金城しん

1983年兵庫県尼崎市で生まれる。
20代、司法書士試験に挑戦するが実らず。
その後企業に就職するが、試験勉強ばかりで
世間知らずだったため、心身が崩れる。
30代、不動産営業職をする傍ら、心について深く考え、
心に関する内容の著作を開始する。
2024年『4是～自他愛信への嚮導～』完成。
◆宅建士、潜水士免許所持、上級心理カウンセラー資格所持

［4zedekokokaru 公式ショップ］
https://4ze.base.shop/
4是の世界観が凝縮されたアパレルやグッズを販売しています。

4zedekokokaru
纏うと今日も"ここかる"
さぁ　どこデカケル??

［4是公式 X］@4zedekokokaru
我思うに～から始まり、社会や生旅への4是的な見方をつぶやいています。

［4是公式インスタグラム］@4ze_jitaaishin.heno.kyodo_
4是の公式インスタグラムです。
"ここかる"な情報や社会問題への4是的な見方、4zedekokokarauに関する情報、『4是』普及活動の奮闘記など多種多様な情報を発信しています。

4是 ～自他愛信への嚮導～

2024年4月19日　第1刷発行

著　者　金城《きんじょう》しん

発行者　太田宏司郎

発行所　株式会社パレード
大阪本社　〒530-0021　大阪府大阪市北区浮田1-1-8
TEL 06-6485-0766　FAX 06-6485-0767
東京支社　〒151-0051　東京都渋谷区千駄ヶ谷2-10-7
TEL 03-5413-3285　FAX 03-5413-3286
https://books.parade.co.jp

発売元　株式会社星雲社（共同出版社・流通責任出版社）
〒112-0005　東京都文京区水道1-3-30
TEL 03-3868-3275　FAX 03-3868-6588

印刷所　中央精版印刷株式会社

ISBN 978-4-434-33816-8 C0010